AF261629

SOCIALISME

CONSERVATEUR,

ESSAI DE

FRATERNITÉ CHRÉTIENNE ET PRATIQUE,

PAR

DEUX SOLDATS.

Aimez-vous et secourez-vous les uns les autres.
(ÉVANGILE.)

Prix : 50 cent.

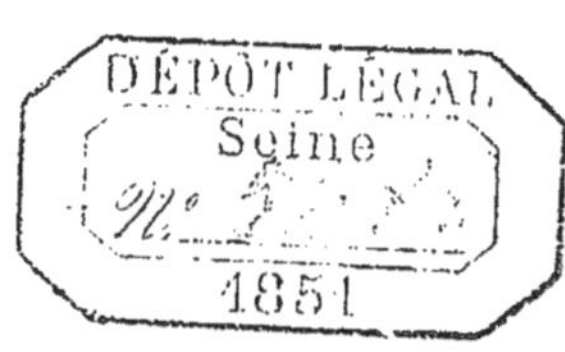

SE VEND CHEZ :

DENTU,	JEANNE,	GARNIER,
PALAIS-ROYAL.	PASSAGE CHOISEUL.	PALAIS-ROYAL.

PARIS,

JUILLLET 1851.

Le mot de fraternité, devenu malheureusement
le drapeau d'un des nombreux partis qui nous
divisent, n'est plus compris aujourd'hui dans sa
véritable acception ; notre œuvre, toute sociale,
toute française, point du tout politique, a pour
but de soustraire aux passions le principe sau-
veur, qu'il est temps de remettre à sa véritable
place dans une société chrétienne, au sommet
de l'ordre social tout entier.

La guerre la plus pressante à cette heure, ce
n'est ni la guerre civile, ni la guerre étrangère :
c'est la guerre à la faim ! L'ennemi auquel il
nous faut courir sus, c'est la misère ! A elle
donc nos premiers coups, et, le jour où nous
l'aurons détruite ou diminuée, toutes les éven-
tualités menaçantes de l'avenir disparaîtront ;
nos divisions cesseront ; l'union dans le bien
amènera l'union dans les idées, car, après tout,
bleus, blancs ou rouges, — nous ne parlons que
des honnêtes gens, — notre but est le même, les

moyens seuls nous divisent. Que chacun apporte
donc son concours à notre œuvre, sans acception
d'opinion: nous la présentons sans orgueil comme sans fausse modestie ; soldats tous deux, plus
habitués à l'action qu'à la parole, prétendant
plus au jugement qu'à l'imagination, nous avons
surtout cherché le côté pratique, sans nous perdre dans des théories étrangères à nos études ;
animés d'un profond amour du pays, le cœur a
été notre seul mobile et nous avons tâché de
prendre le bon-sens pour notre seul guide.

Nous n'avons pas la prétention d'avoir fait
une œuvre parfaite : d'autres plus habiles vien-
dront la compléter et rectifier les erreurs dans
lesquelles nous aurons pu tomber. Nous serons
heureux d'avoir ouvert un sillon où nous croyons
que le germe de l'avenir est déposé. Notre ambition ne va pas plus loin. A d'autres sans doute
appartiendra la gloire de la moisson ; nous n'en
aurons point regret, si cette moisson est féconde.

G. de Leyssac.   E.-H. de La Pierre.

Paris, 15 juillet,

PREMIÈRE PARTIE.

PREMIÈRE PARTIE.

CHAPITRE PREMIER.

DE LA MISÈRE.

La misère !... que ce mot n'effraye point nos lecteurs. Il est inutile de leur dire que nous ne sommes pas de ces esprits haineux, qui trouvent un amer plaisir dans la peinture de maux irréparables; nous ne sommes pas davantage de ces ambitieux sans scrupules, qui font de la misère l'agent recruteur de l'armée du mal. Nous sommes, au contraire, des conservateurs ardens; mais, si nous réprouvons cette parole impie: *Qui a du fer a du pain*, nous condamnons au même titre la doctrine qui se refuse à diminuer le mal, sous prétexte qu'il est impossible de le supprimer complétement. Oui, nous sommes conservateurs, mais nous voulons que la conservation soit forte; or, la force accompagne toujours la justice; voilà pourquoi nous voulons que vous soyez justes.

La société est en péril, il est banal de le dire: nous voulons lui rendre sa vigueur et sa puissance; elle ne peut les reprendre qu'en faisant son devoir, et le devoir le plus impérieux de tous est de faire à chacun de ses membres une position tolérable. Nous savons bien qu'on ne détruira point la misère qui a pour cause la paresse et le vice, mais nous sommes convaincus qu'on peut et qu'on doit détruire celle qui n'est point méritée.

Depuis soixante ans assez de discours et de vaines paroles ont envenimé cette question brûlante: les uns demandaient avec menace, les autres refusaient avec colère; des deux côtés on était exagéré: d'une part, on confondait la misère honorable, produite par le manque de travail, et la misère honteuse, résultat d'une vie mauvaise; de l'autre, pour se dispenser de rien accorder, on niait jusqu'à l'existence de la misère imméritée. Des deux côtés on était dans le faux; il est temps de revenir à la vérité, de faire cesser le déplorable antagonisme qui, seul aujourd'hui, met la société en péril de mort.

Oui, nous le déclarons, nous qui ne sommes pas suspects de démagogie, de grandes misères existent, que la société devrait détruire et laisse subsister; mais que les hommes qui veulent supprimer

cette société ne se réjouissent point de notre aveu :
eux seuls, par leurs menaces, ont fait obstacle aux
améliorations pratiques et vraies que les honnêtes
gens désirent.

Ce qu'ils exigeaient en faisant appel à un sentiment
méprisable, duquel rien de généreux ne peut sortir,
— A LA PEUR, — nous le demandons, nous, au cœur
de tous les braves gens, de tous les hommes justes ;
nous ne leur disons pas : *secourez vos frères ou mou-*
rez ! — donnez ou vous serez dépouillés ! — Nous leur
disons : vous êtes de bons et dignes citoyens, vous
méprisez les menaces qui ne peuvent vous atteindre et
faites votre devoir parce que votre conscience vous
en dicte la loi ; faites-le, c'est nous qui sommes des
vôtres, nous qui avons combattu près de vous et
pour vous, qui venons vous le demander ; vous n'avez
point cédé à la crainte, eh bien ! maintenant ne re-
poussez pas une prière dont votre conscience suffira
pour faire un ordre.

Nous vous demandons de faire purement et sim-
plement votre devoir ; puisque nous avons triomphé
dans la lutte, soyons vainqueurs généreux ; laissons
de côté les déplorables individualités qui ont envenimé cette guerre ; faisons ce que nous devons : ten-
dons au peuple une main fraternelle ; la main rude

et calleuse, qu'il y placera, sera, soyez en sûr, une main reconnaissante et dévouée ; faites pour lui ce qu'il a droit d'attendre, et vous atteindrez deux buts à la fois : vous serez en paix avec vous-même, et vous le soustrairez aux influences fatales qui le poussent à une guerre impie, funeste à lui comme à vous.

Si donc nous venons vous parler de la misère, ce n'est pas pour envenimer une plaie trop douloureuse : non ! c'est pour le guérir qu'il faut connaître ce mal ; vous êtes les seuls médecins possibles, il faut donc vous découvrir l'ulcère.

Les habitans des villes ne se font, en général, aucune idée des souffrances endurées par les populations de la campagne ; on s'imagine que la terre, en bonne et prévoyante nourrice, donne à ceux qui la cultivent des moyens assurés de vivre. L'esprit se refuse à comprendre qu'au milieu des riches moissons, l'homme, dont le travail les a produites, puisse mourir de misère et de faim..

Le travailleur industriel, dont les souffrances ont le privilége d'être près de nous, a, pour ainsi dire, concentré sur lui seul, au détriment du travailleur agricole, tout l'intérêt des hommes que ces graves questions préoccupent. Hôpitaux, bureaux de bienfaisance, crèches, salles d'asile, établissemens philanthropiques de toutes sortes, indiquent suffisamment que la nécessité de soulager la misère est comprise dans les villes.

Dans les campagnes, en dehors de la charité privée, dont l'action est forcément restreinte, rien de semblable n'existe. Nous croyons qu'il est temps de combler cette lacune. Quinze millions de nos compatriotes en sont victimes, et, de tout l'Etat ce sont peut-être les plus utiles. A eux donc, avant tout, nos sympathies ; à eux les premiers fruits de notre travail.

Notre organisation d'ailleurs est utile au travailleur des villes comme à celui des campagnes : elle laisse debout tout ce qui existe en sa faveur. Ce qui la caractérise seulement et la différencie des systèmes actuellement adoptés, c'est qu'elle n'exclue pas le paysan et lui vient en aide au même titre qu'à l'ouvrier.

Dans la plus grande partie de la France, vingt centimes par jour suffisent à la nourriture de chaque individu, savoir : douze centimes de pain noir et huit centimes de beurre, de sel et de légumes.

Chaque famille se compose, en moyenne, de cinq individus, le mari, la femme et trois enfans. Le prix moyen des journées ne dépasse pas un franc cin-

quante centimes ; la nourriture payée sur ces trente
sous — et Dieu sait quelle nourriture ! — reste cinquante centimes par jour, soit *cent quatre-vingt-
deux francs cinquante centimes* par an.. De cette
somme il faut défalquer soixante-dix-huit francs
pour les cinquante-deux dimanches où le travail chô-
me, reste donc cent quatre francs cinquante centimes : si vous prélevez encore cinquante-deux francs
pour la nourriture des cinquante-deux dimanches
où l'on ne travaille pas, mais où l'on mange, nous ar-
rivons en définitive à une somme de CINQUANTE-DEUX
FRANCS, pour le loyer, l'habillement, les impôts,
le savon, l'éclairage, en un mot les diverses charges
d'une famille. Et maintenant supposez la maladie, ce
qui n'est que trop vraisemblable avec une pareille
existence, supposez le manque de travail, qui n'est
que trop fréquent à certaines époques de l'année, et
dites-nous ce que peut devenir cette famille, à quel
degré de misère elle va tomber ?

NOUS NE DISONS PAS TOUT CE QUE NOUS AVONS VU. A
qui viendrait contester nos assertions, nous donne-
rions des preuves effrayantes, que, loin d'augmenter
le mal, nous n'avons point osé le décrire complète-
ment. Et cependant celui qui le supporte n'a jamais
été cause des révolutions qui l'ont augmenté : ja-

mais il n'a demandé à l'émeute, à la violence, une position meilleure. Ne faut-il pas lui tenir compte de cette résignation? Doit-on lasser cette patience, user ce sentiment du devoir?

Allons-nous conclure de là qu'il faut révolutionner la société, qu'il faut arracher violemment à ceux qui possèdent le superflu pour donner à ceux qui manquent du nécessaire? Non! De pareilles tentatives, outre qu'elles répugnent aux cœurs droits et loyaux, n'ont d'autre effet que d'augmenter les misères mêmes qu'elles prétendent soulager. Toute atteinte à la propriété diminue le nombre de ceux qui ne souffrent point, augmente, par conséquent, celui des misérables. Que des esprits orgueilleux, que des cœurs sans pitié, que des ambitions sans scrupules, marchent dans cette voie, nous ne les suivrons pas : nous leur ferons obstacle, demain comme aujourd'hui, comme hier; mais pour les désarmer et pour les vaincre, la force seule ne peut suffire : la misère et la souffrance, voilà les deux énergiques agens par lesquels ils trompent les masses et les soulèvent au profit de leurs propres individualités. Suivons-les donc sur le terrain où eux, les agitateurs et les destructeurs, n'ont apporté que de vaines paroles et des promesses illusoires; suivons-les, nous, les défenseurs de l'ordre social, qu'ils veulent abattre; à leurs phrases d'avocat opposons des actes : ils promettent l'impossible, nous, faisons ce qui est possible; ils veulent détruire la misère, disent-ils? nous qui ne prétendons pas avoir plus de sagesse que le divin auteur des Évangiles, et qui savons bien que l'humanité est sujette à la misère comme l'homme à la maladie, contentons-nous de la diminuer, tâchons de borner ses ravages à ceux pour lesquels elle est une punition méritée. Quand ils seront seuls à en souffrir, on aura fait un grand pas pour leur moralisation, et bientôt eux aussi deviendront dignes d'être soulagés et le seront à leur tour.

Notre ambition ne va pas, nous l'avons déjà dit, à prétendre enlever, comme par magie, le fléau qui nous écrase. Nous ne voulons ni bouleverser, ni changer la société, nous ne voulons enfin rien enlever aux droits acquis. Si donc nous allons présenter, dans le chapitre suivant, sous forme de projet de loi, le côté pratique de nos idées sur le soulagement des classes laborieuses, c'est pour en rendre la discussion plus facile, en le résumant avec une complète clarté.

Si notre système d'association devait froisser des intérêts légitimes, nous nous fussions abstenus. Mais comme il n'est, après tout, que le développement d'une pensée chrétienne, comme il n'a d'autre but que d'augmenter et de rendre plus efficaces, par une direction convergente, les efforts isolés, et par cela seul trop souvent insuffisans des hommes de bien, nous n'avons pas dû balancer, car des hommes de cœur ne marchandent point leur conscience.

Que les économistes ne regardent pas d'un œil dédaigneux les résultats, en apparence minimes, que nous comptons obtenir en commençant. Qu'ils nous viennent en aide au contraire et rectifient ce qu'il peut y avoir de défectueux dans notre système : qu'ils se rappellent surtout que le bien se fait lentement, ET QU'IL N'EST POINT DE PETITS RE-MÈDES CONTRE LA MISÈRE.

CHAPITRE II.

LOI DE FRATERNITÉ CHRÉTIENNE.

Préambule.

Considérant qu'il est du devoir de tous les hommes de s'entr'aider ; que tout gouvernement, pour offrir les conditions de stabilité nécessaires à la prospérité publique, doit venir en aide aux infortunes imméritées ;

Considérant, que la religion chrétienne, religion de l'Etat, impose à chacun la loi impérieuse de secourir son prochain, et qu'il est temps de mettre en pratique sur la plus large échelle le précepte divin : Aimez-vous et secourez-vous les uns les autres;

Considérant enfin, que l'action individuelle est insuffisante pour atteindre ce but, et qu'il est du devoir de l'Etat de lui donner une plus grande force en l'organisant sous son patronage, le pouvoir législatif décrète ce qui suit :

TITRE Ier.

Article 1er.

Dans chaque commune, à partir de la promulgation de la présente loi, le conseil municipal choisira dans son sein quatre membres qui formeront, sous la présidence du maire, un comité de secours sous le titre de COMITÉ FRATERNEL.

Article 2.

Aux cinq membres du conseil municipal, y compris le maire, s'adjoindront de droit le curé ou desservant de la paroisse, et les trois habitans les plus fort imposés de la commune. Dans le cas où ces trois derniers auraient été nommés déjà membres du COMITÉ FRATERNEL en qualité de conseillers municipaux, trois autres conseillers municipaux seraient nommés à leur place, pour que le Comité fraternal ne comptât jamais moins de neuf membres.

Article 3.

Le maire sera président du Comité fraternel, le curé ou desservant vice-président; le plus fort

2

imposé de la commune sera trésorier. Le secrétaire de la mairie, sans voix délibérative, assistera aux séances du Comité ; il transcrira sur un registre *ad hoc* le procès-verbal, qui sera signé par tous les membres présens.

Article 4.

Les décisions du Comité fraternel seront prises à la majorité absolue des membres présens à la délibération. Tout membre qui, sans excuse valable, manquerait trois fois de suite aux séances régulièrement convoquées, sera puni d'une amende de 5 fr. à 50 fr. au profit de la caisse fraternelle. Cette amende sera prononcée, sans aucun recours judiciaire par le Comité lui-même, à la majorité des voix, contre celui de ses membres qui l'aurait encourue. A la troisième amende encourue, l'exclusion du Comité fraternel aura lieu de droit, et sera inscrite sur le registre des délibérations et sur le livre intitulé : *Livre d'or*, dont il sera parlé ci-après.

Article 5.

Du 1er novembre au 1er avril, le Comité fraternel tiendra séance, au lieu désigné, tous les dimanches,

et, le reste de l'année, le premier dimanche de chaque
mois. Le président et le vice-président pourront en
cas d'urgence le convoquer en dehors des réunions
réglementaires.

Article 6.

Tous les ans, du 15 octobre au 15 novembre, les
membres du Comité fraternel iront à domicile demander à chaque habitant ce dont il peut faire le
sacrifice au profit de l'institution fraternelle ; on devra recevoir les denrées de toute nature, argent,
grains, vin, linge, habits, couvertures, effets neufs ou
vieux ; en un mot, on ne devra rien refuser de ce
qui peut encore servir.

Article 7.

Les dons de toute nature et de toute valeur seront
inscrits avec les noms et professions des donnateurs
sur un registre, qui sera perpétuellement conservé
aux archives de la commune et portera le nom de
LIVRE D'OR *de telle commune*.

Article 8.

Le Comité fraternel emploira les ressources ainsi

rassemblées au soulagement exclusif des habitans de la commune frappés par la maladie, l'incendie, ou le manque absolu de travail. Dans ce dernier cas, il devra exiger de l'habitant ainsi secouru un travail au profit de la commune.

TITRE II.

ORGANISATION DÉPARTEMENTALE.

Article 1er.

Une taxe dite fraternelle sera prélevée dans chaque département sur les objets de luxe ci-après désignés, savoir :

Pour une voiture à deux chevaux. . . . . . 20 fr.

Pour une *id.* à un cheval. 10

Pour un cheval de selle ou d'attelage. . . 5

Pour un chien. 2

Toute famille ayant plus d'un domestique payera :

Pour domestique mâle. 10

Pour servante. 5

Ne sont point compris comme domestiques sujets

à la taxe les valets de ferme, jardiniers et autres individus employés à la culture du sol.

Article 2.

Le maire dans chaque commune dressera tous les ans, dans la première quinzaine de décembre, l'état nominatif des habitans de la commune qui doivent payer la taxe fraternelle. Il remettra cet état au percepteur, qui en recouvrera le montant comme celui de l'impôt ordinaire, et le versera avec pièces à l'appui à la recette générale du département.

Article 3.

Le receveur général, au début des sessions du conseil général du département, fera connaître audit conseil le montant des sommes produites par la taxe fraternelle. La répartition en sera faite entre les diverses communes, au prorata des besoins de chacune d'elles.

Article 4.

Les fonds alloués par le conseil général seront employés par le Comité fraternel de chaque commune, ainsi qu'il a été prescrit au titre 1er de la présente loi.

Article 5.

Chaque année les Comités fraternels des communes enverront au conseil général le compte-rendu des sommes allouées par lui l'année précédente. Il y sera joint un rapport sur la situation de la commune, et ces diverses pièces serviront de base à la répartition que doit faire le conseil général.

TITRE III.

ORGANISATION GÉNÉRALE.

Article 1er.

Une retenue, au prorata de leur traitement, sera faite au profit de l'institution fraternelle sur tous les fonctionnaires ou employés, salariés par l'Etat à un titre quelconque.

Les employés communaux et départementaux seront également sujets à cette retenue, bien que leurs appointemens soient payés par la commune ou le département, et non par l'Etat.

Article 2.

Cette retenue, pour les traitemens de 10,000 fr. et au-dessus, sera d'un quinzième, soit deux jours de solde par mois.

Pour les traitemens de 6 à 10,000 fr., d'un trentième, soit un jour de solde par mois,

Pour ceux de 3 à 6,000 fr., d'un soixantième, soit six jours de solde par an.

Pour ceux de 1,500 à 3,000 fr., elle sera d'un cent vingtième, soit trois jours de solde par an.

Et enfin, pour tous les autres, elle sera d'un jour de solde par an.

Article 3.

Ces diverses retenues seront faites à l'avance par l'État, qui gardera par devers lui la somme à laquelle elles s'élèveront.

Article 4.

Une commission nommée *ad hoc* par l'Assemblée législative fera tous les ans son rapport sur la répartition à faire entre les divers départemens du produit de la retenue fraternelle. Cette répartition deviendra définitive par le vote de l'Assemblée.

Article 5.

Immédiatement après le vote, le ministre des finances, chargé de l'exécuter, devra mettre à la disposition des conseils généraux les sommes affectées à chaque département en particulier. Les conseils généraux, à leur tour, les répartiront entre les diverses communes, ainsi qu'il a été dit au titre 2 de la présente loi.

Article 6.

A l'avenir aucun des effets appartenant à l'Etat et mis en réforme, tels que couvertures, manteaux, capotes, habits, etc., ne sera vendu au profit du Domaine. Chaque année ces effets seront répartis dans chaque département, pour y être distribués en raison des besoins et de la même manière que les autres ressources.

Article 7.

Dans chaque département et arrondissement les

Chambres des notaires, des avoués, les Conseils de
l'ordre des avocats dans les Cours royales, les Chambres des huissiers, les syndicats d'agens de change
et courtiers de commerce, voteront chaque année
une somme au profit de l'institution fraternelle. Il
en sera de même de toutes les Compagnies indus-
trielles, chemin de fer, canaux, forges, filatures, etc.,
dont le capital social dépassera deux millions.

Article 8.

Tous les ans une loterie analogue à celle *dite des
lingots d'or* sera tirée au profit de l'institution fraternelle : sur tout le territoire les membres des Comités fraternels seront chargés du placement des billets
que a poste transportera sans frais.

TITRE IV.

Article 1er

Un crédit de 16,000,000 est ouvert au ministère de
l'intérieur à l'effet de créer dans chaque commune
une pharmacie fraternelle ET GRATUITE.

Article 2.

Le desservant de la commune, comme vice-président du Comité fraternel, est chargé de cette pharmacie, à laquelle un local spécial sera affecté dans le presbytère. Un cours de chimie et de pharmacie élémentaire devra être fait dans tous les séminaires.

Article 3.

L'Etat ayant fait la première mise de fonds nécessaire dans chaque commune, le Comité fraternel sera chargé d'entretenir la pharmacie et de veiller à ce que les médicamens les plus habituellement employés y soient toujours en quantité suffisante.

CHAPITRE III.

DISCUSSION.

Nous avons déjà dit pourquoi nous avions choisi, pour exposer notre idée, la forme d'un projet de loi : c'est afin de rendre plus clair et pour ainsi dire palpable le côté pratique auquel il faut bien un jour arriver ; car le temps des promesses vaines et des discours menteurs a pris fin.

Agissez, et le peuple vous croira.

Marchez, et le peuple vous suivra.

Mais parlez, et vous verrez qu'il passera dédaigneux sans plus vouloir vous écouter.

Certes, nous savons bien que notre projet peut soulever des objections nombreuses : et tout d'abord nous aurons contre nous les partis dont les passions ont besoin que le peuple reste misérable, afin de trouver en lui un instrument docile. Pour les uns, nous ferons trop : pour les autres, pas assez. Car les uns veulent tout détruire et les autres ne veulent rien changer.

Nous, au contraire, nous avons fait ce raisonnement : l'esprit révolutionnaire veut détruire la famille : pour lui résister, que faut-il faire? évidemment propager les idées de famille, créer une sorte de hiérarchie ayant pour base, au premier degré, la famille particulière; au second degré, la famille communale; au troisième, la famille provinciale; et enfin, au dernier degré, la grande famille française embrassant toutes les autres.

L'esprit révolutionnaire attaque la propriété: pour la défendre, que faut-il faire? tirer des coups de fusil? Oui, quand on ne peut s'en dispenser.

Mais il y a mieux encore, pour vaincre son ennemi, que de le tuer; on peut le désarmer; mieux vaut surtout s'en faire un allié.

Vous ne pourrez jamais rendre tous les hommes riches; toujours il y aura des pauvres; tachez donc que les pauvres aient un intérêt personnel à la conservation de cette richesse même dont ils sont exclus; faites que, dans la limite extrême du possible, cette richesse leur soit bienveillante. Songez, vous qui possédez, que vous désarmez un ennemi chaque fois que vous soulagez une misère.

Dans notre bouche, à nous, vous ne prendrez point ce langage pour une menace comme dans celle des hommes de révolution; vous le prendrez

pour un avertissement, et cet avertissement, pesez-
le bien ! Il en est temps s'il n'est trop tard : il y a
pour vous, pour la société tout entière, question de
vie ou de mort à ne pas le négliger. De fatales doctrines sont prêchées : elles gagnent du de terrain jour
en jour ; elles ne vont rien moins qu'à prétendre arracher de vive force le tout à qui ne veut point donner une parcelle. Avisez donc, l'heure presse : depuis trois ans, vous êtes avertis chaque jour.

L'esprit révolutionnaire attaque la religion : que
faut-il faire pour la défendre ? La prêcher ?

Oui ;

Mais c'est insuffisant : il faut la pratiquer ; non-
seulement dans sa lettre, mais encore dans son esprit ; il faut remettre sous son égide les grands et nobles principes de fraternité, que la révolution lui a
volés pour en faire le pavillon honorable qui cou-
vre une marchandise honteuse.

Nous qui sommes chrétiens, nous qui sommes conservateurs, nous qui n'avons marchandé ni nos veilles
ni notre sang pour combattre la démagogie, repre-
nons-lui donc notre étendard. C'est le Christ lui-
même qui a dit : « Aimez-vous et secourez-vous les
uns les autres. » C'est donc aux chrétiens, non pas
aux révolutionnaires, qu'appartient le dogme de la

fraternité. Sachons le mettre en pratique ; il suffit seul à défendre la religion.

Ces trois grands principes, *la religion, la famille et la propriété*, dont on a tant abusé en paroles depuis trois ans, nous croyons les défendre mieux, en étendant leurs effets par la fraternité, qu'en les restreignant par l'égoïsme.

Nous savons bien qu'on va nous objecter les nombreux bienfaits de la charité privée ; nous n'y contredisons pas, nous les connaissons, nous leur rendons justice ; mais la charité privée ne suffit plus à cette heure pour arrêter le flot de la misère, qui va toujours grossissant depuis soixante années.

Il faut que l'Etat intervienne et prête son appui, donne la force d'une organisation nouvelle à tous les efforts que leur isolement rend impuissans. Ce qui tue la charité dans le pays, c'est de voir qu'elle est inefficace : on se décourage, et bientôt on ne fait plus aucun effort dans une lutte à laquelle on ne trouve point d'issue. L'Etat seul peut remporter cette victoire ; à lui donc l'initiative et la direction.

Qu'on ne vienne pas nous dire que nous imaginons un nouvel impôt, et que le budget pèse déjà d'un poids trop lourd sur le pays. Si l'on veut bien examiner, on verra que notre système passe à côté du budget, sans même l'effleurer. Ainsi, de quoi se composent les sommes centralisées au ministère des finances, pour être ensuite réparties dans les divers départemens? Uniquement de retenues faites sur des traitemens payés par le budget; mais aux parties payantes, aux contribuables, que demande-t-on? rien. On ne retient qu'aux parties prenantes, et on ne leur retient que ce qu'elles peuvent laisser sans que leur position soit sensiblement affectée.

Voulez-vous prendre maintenant l'organisation départementale? Où voyez-vous donc un impôt? Est-ce qu'on exige du pauvre et du riche au même titre, ce qui est le caractère propre de l'impôt? Pas le moins du monde; on ne demande qu'à ceux qui possèdent le superflu, et ce qu'on leur demande est bien peu de chose. Ainsi, prenez un homme ayant une voiture, deux chevaux, deux domestiques, cinq chiens, ce qui suppose par tout pays une fortune de huit à douze mille livres de rentes au moins : croyez-vous qu'il sera réduit à la gêne parce qu'il lui faudra donner 60 fr. par an, soit 5 fr. par mois, pour n'avoir pas dans son voisinage des créatures humaines qui meurent de froid, de faim et de misère, et qui parfois en sont réduites à envier le chenil et la nourriture de ses chiens ?

Allez, si le cœur ne parle pas et ne vous fait pas une loi d'adopter enfin des mesures efficaces contre un tel fléau, écoutez votre égoïsme ; il vous donnera le même conseil. Le jour où le pauvre saura que votre luxe lui est profitable, ce jour-là, loin de vous regarder d'un œil haineux, il vous deviendra sympathique ; ce luxe, qui paraît aujourd'hui une insulte à sa misère, vous en ferez un soulagement à sa souffrance, et vous détruirez cet antagonisme effrayant qui divise la société en deux camps irréconciliables.

Sachez le bien, la guerre aujourd'hui n'est pas une guerre politique ; elle existe moins entre les royalistes et les républicains qu'entre ceux qui possèdent et ceux qui ne possèdent point ; entre ceux qui ont la vie certaine et ceux qui ne mangent pas toujours en travaillant.

Voulez-vous la terminer, vous surtout qu'elle menace ? Nous vous l'avons déjà dit, pour être forts contre des prétentions injustes et impies, soyez vous-même justes et charitables : vous qui vous instituez, à l'exclusion de tous autres, défenseurs de la religion, suivez ses préceptes ; défenseurs de la famille, éten-

dez-en les bienfaits; défenseurs de la propriété, ren-
dez-la pour tous un élément de salut. On ne vous
demande qu'une part minime de votre superflu,
donnez-la donc sans marchander. Ceux qui vous la
demandent aujourd'hui vous aideraient encore à re-
pousser la spoliation, et ce n'est point une voix en-
nemie qui vous fait à cette heure une menace, c'est
une voix dévouée qui vous conseille et vous supplie.

Défendrons-nous maintenant l'organisation communale d'être un impôt nouveau? C'est chose bien
inutile, puisque ses ressources se composent de dons
entièrement volontaires. Seulement, nous l'avouons,
nous pouvons être accusés d'y avoir mis un germe
d'aristocratie : nous avons appelé LIVRE D'OR le registre où seront inscrits les noms des citoyens qui auront secouru leurs compatriotes.

Nous avons voulu que le LIVRE D'OR fût conservé
perpétuellement dans la commune, pour que les fils
y trouvent de nobles exemples à suivre, pour que
l'esprit de famille y trouve un nouvel aliment dans
l'orgueil légitime des descendans des hommes qui
auront été les bienfaiteurs de leur pays. Oui le LIVRE
D'OR serait dans notre pensée le livre d'une noblesse
nouvelle.

Toute noblesse doit s'acquérir au service du pays.

Autrefois le pays voulait être servi par l'épée, par la magistrature; l'épée d'abord, la magistrature ensuite, ont fait des nobles. A ceux-là nous en voulons joindre d'autres, car nous voulons que l'on dise, pour cette noblesse nouvelle aussi bien que pour l'ancienne, *noblesse oblige*; ses titres seraient dans le cœur des malheureux : elle pourrait braver les démagogues et les révolutionnaires.

Qu'on ne s'y trompe pas, en parlant de fonder une noblesse nouvelle, nous pourrons faire sourire, mais seulement les esprits superficiels. Quoi! diront-ils, à cette époque où toutes les aristocraties sont battues en brèche, où le courant des idées porte l'esprit humain vers le dogme de l'égalité, deux rêveurs ont pu se rencontrer, qui veulent reconstituer une aristocratie? Quoi! c'est au moment où les plus grands esprits désespèrent du salut de la société, précisément parce qu'elle est basée sur le privilége, qu'on parle d'ajouter une noblesse nouvelle à l'ancienne? C'est à l'époque où tous les esprits jeunes et ardens prennent leur essor vers une société renouvelée, qui doit changer la face du monde, et dont on aperçoit l'aurore à l'horizon, qu'on fait un retour à des principes condamnés depuis soixante ans? On ne répond pas à de pareilles utopies ; on ne réfute pas l'absurde : on le signale.

N'allez pas si vite dans vos jugemens, car le simple bon sens et l'observation impartiale suffisent pour vous répondre. Ne vous en déplaise, ce n'est point l'esprit d'égalité qui souffle sur notre siècle, mais celui de l'envie. Voyez donc autour de vous, ouvrez vos yeux que l'orgueil et l'infatuation aveuglent : vous verrez bien des gens qui demandent l'égalité pour rabaisser à leur niveau ce qui leur est supérieur; combien en trouvez-vous qui la demandent pour élever jusqu'à eux leurs inférieurs ? Et si vous en pouvez citer quelques-uns, osez nous dire qu'ils ne sont pas dans leur caste une honorable et trop rare exception ? Qu'à donc voulu la Bourgeoisie quand elle a jeté bas la Noblesse ? prendre sa place, rien de plus; et ne pouvant s'élever jusqu'à la noblesse, parce qu'on ne refait pas l'histoire, elle a trouvé plus court de la détruire. Que veulent aujourd'hni les hommes qui prétendent se servir du peuple pour faire passer la bourgeoisie par le même chemin que la Noblesse ? Veulent-ils élever le peuple jusqu'au bien-être de la classe moyenne ? c'est le moindre de leur soucis. Ils n'excitent pas le peuple à s'élever, ils l'excitent à renverser. En un mot, à mesure que se fait le nivellement, le niveau baisse, mais ceux qui souffrent en bas n'y gagnent rien ; il y a quelques heureux, quelques privilégiés de moins, quelques misérables de plus, et voilà tout.

Jamais race au monde ne fut plus aristocratique, moins égalitaire que la nôtre. Voyez autour de vous : le militaire dédaigne le bourgeois, le banquier prend des airs de hauteur vis--à-vis le fabricant, le fabricant vis-à-vis le commerçant au détail, et celui ci vis-à-vis l'ouvrier ; et, chose incroyable à dire, et pourtant vraie, cette étrange hiérarchie de vanité se continue, — si bas que vous descendiez,—entre les divers corps d'état.

Est-ce là ce que vous appelez le sentiment égalitaire ? N'est-ce pas cependant la peinture vraie de notre état social ? Quel en est le résultat ? la lutte à tous les degrés, entre toutes les classes ; auriez-vous par hasard la singulière prétention de réformer l'esprit humain, de modifier son essence ? Nous ne voulons pas vous supposer dépourvus à ce point de tout jugement. Il faut donc prendre l'homme tel qu'il est, non pas tel que notre orgueil peut-être le voudrait ; il faut donner à cet instinct d'aristocratie, inné chez lui, un aliment utile. Il faut, puisqu'on ne peut le détruire, l'employer à substituer un bon à un mauvais sentiment ; il faut enfin en faire l'agent de la fraternité, pour qu'elle puisse combattre et vaincre l'égoïsme envieux.

Vouloir changer la nature de l'homme, c'est l'œuvre de la folie, de l'orgueil et de la présomption poussés à l'extrême ; s'en servir au contraire pour en tirer des conséquences utiles, c'est une œuvre de bon sens et de jugement ; à d'autres la première, à nous la seconde, si, comme nous l'espérons, notre travail humble et modeste porte les fruits que nous en attendons.

La voie que nous voulons rouvrir est fermée depuis bien longtemps ; depuis bien longtemps, pour entraîner les esprits de la multitude, il a suffi de parler et d'écrire le contraire de ce qui était vrai. D'erreurs en erreurs, de fautes en fautes, de chutes en chutes, nous sommes arrivés jusqu'au bord de l'abîme : on peut en mesurer aujourd'hui la profondeur ; le moment est donc venu de faire obstacle à l'entraînement qui nous a mis dans cette position désespérée, le moment est venu de montrer par quel chemin on peut regagner la voie du salut.

CHAPITRE IV.

Est-il vrai que la misère soit, pour le plus grand nombre, une effrayante menace quand elle n'est pas une triste réalité?

Oui.

La plus insigne mauvaise foi pourrait seule contester notre assertion.

Est-il vrai qu'il y a, dans le progrès toujours croissant de ce fléau, les plus immenses périls pour la société toute entière? est-il vrai que le sentiment de ce péril est dans tous les esprits, que la haine et la méfiance germent dans le cœur du misérable et lui donnent les plus pernicieux conseils?

Oui.

L'armée de la destruction n'a pas pour se recruter de plus énergique agent, que la souffrance populaire exploitée par le mensonge.

Est-il vrai, enfin, que notre société soit minée, qu'une étincelle peut suffire pour amener la plus effroyable explosion?

Qui oserait le nier?

Qu'attendons-nous donc, nous tous que cette explosion menace, riches et pauvres, qu'attendons-nous pour apaiser les colères, pour calmer les douleurs? qu'attendons-nous, enfin, pour fair notre devoir envers notre conscience, envers notre pays?

N'est-il pas évident que la charité privée est malheureusement insuffisante? qu'elle a besoin pour avoir une efficacité réelle d'une organisation que l'Etat seul peut lui donner?

N'est-il pas évident qu'au temps malheureux où nous vivons, la foi religieuse n'a plus comme autrefois l'empire nécessaire pour arracher à l'égoïsme le sacrifice d'une parcelle même restreinte du superflu de chacun?

Que ceux-là, dont le cœur reste sourd aux souffrances de leurs semblables, aient un égoïsme assez intelligent pour comprendre que le jour est venu de suivre les jeunes cœurs sur le terrain de la vraie fraternité; qu'ils y viennent donc, et quel que soit le mobile qui nous les amène, intérêt personnel, sentiment du devoir, ou charité chrétienne, peu nous importe, nous n'irons pas scruter les motifs qui les auront dirigés.

Certes, le projet d'organisation fraternelle que nous soumettons à l'analyse et à la critique ne détruira pas d'un seul coup et en un jour le mal qui nous ronge ; il est loin d'être parfait, nous le savons ; mais, tout imparfait qu'il soit, il arrêtera du moins dès à présent les progrès toujours croissans du fléau. Il est simple et facile à mettre en pratique. Tout en donnant à la charité l'appui, le concours sérieux, des forces gouvernementales, il n'a rien de commun avec les utopies, avec les folles doctrines qui ont tant épouvanté la France, car il laisse à la commune, qui doit être une sorte de grande famille, la plus complète indépendance, la plus grande liberté d'action. Il ne demande à chacun rien de plus que ce qu'il est possible de donner, et non-seulement il diffère du socialisme destructeur, dont le nom seul effraie les honnêtes gens, mais encore il met aux mains de la société l'arme la plus puissante pour le combattre et le vaincre.

La faim, sachez-le bien, est mauvaise conseillère ; l'homme qui souffre devient crédule, les promesses les plus mensongères, les plus clairement irréalisables, le séduisent alors avec facilité. Donc, plus vous diminuerez le nombre des gens que la misère accable, moins il y aura de socialistes révolutionnaires.

Tous ces systèmes absurdes, qui ont la prétention de créer une société nouvelle du faîte à la base, ne trouveront plus d'auditeurs le jour où vous saurez tirer parti, pour le bien, des ressources existantes. Mais, en pareille matière, la négligence est un crime, et ce crime, on le commet depuis trop longtemps. Réprimer les mauvaises passions, peut suffire momentanément ; pour les détruire et en avoir complétement raison, il faut leur ôter toute apparence de justice et d'équité ; il faut donner satisfaction au droit de vivre que tout homme apporte en naissant. Il ne faut pas qu'un homme honnête, laborieux, manque de pain dans une société où le voleur et le criminel trouvent à vivre.

Pour désarmer le DROIT AU TRAVAIL, cette machine de guerre avec laquelle on a tant soulevé les esprits, il faut que vous sachiez vous imposer le DEVOIR DE LA FRATERNITÉ. Essayez donc ce que nous vous demandons ; ce sera peu d'abord, nous le savons, mais chaque jour l'œuvre grandira ; mais chaque jour, vous verrez diminuer le nombre de vos ennemis ; mais, pour ne point parler de la satisfaction du cœur, chaque jour amoindrira le péril, augmentera votre sécurité.

Nous avons voulu rester le plus possible dans la

pratique simple et immédiate de notre système, afin
de bien montrer qu'il peut fonctionner dès demain si
l'on veut, donnant déjà de bons résultats, sans amener aucun trouble dans les situations individuelles.

Dans la seconde partie de notre travail, nous irons
plus loin, et nous tâcherons de vous convaincre, comme nous sommes convaincus nous-mêmes, qu'il y a
là plus qu'un soulagement momentané pour la misère, qu'il y a un germe fécond pour l'avenir, qu'il y
a enfin le moyen de faire sans secousse et sans
trouble l'œuvre à laquelle notre époque est appelée,
l'œuvre de transition du passé à l'avenir.

SECONDE PARTIE

SECONDE PARTIE

CHAPITRE PREMIER.

CONSÉQUENCES IMMÉDIATES.

Le jour, où, dans toutes les communes de France,
il y aura neuf individus pour ainsi dire responsa-
bles de tout le bien possible qui ne serait point fait,
vous aurez évidemment donné une impulsion nouvelle aux efforts de la charité privée. Il faut qu'à
l'avenir être membre du comité fraternel devienne,
dans tout pays, le plus grand honneur, la plus grande
marque de l'estime générale ; il faut que le mandat
de charité prenne, dans l'opinion, la place usurpée
jusqu'aujourd'hui par le mandat politique.

Vous aiderez ainsi à ce mouvement des esprits qui
réagissent contre une centralisation portée à ses
extrêmes limites. Quand vous aurez créé, dans
toutes les communes, des positions complétement in-
dépendantes du pouvoir central, et qui auront sur
l'habitant, riche ou pauvre, une légitime influence,

vous aurez fait la moitié du chemin qu'il faut parcourir ; le reste arrivera bien vite.

Oui, nous le savons, et nous vous l'avons déjà dit bien des fois, vous n'arriverez, ni la première, ni la seconde, ni peut-être la dixième année, à supprimer la misère imméritée ; mais chaque année vous lui enlèverez une parcelle de son action. Avec un peu de patience, vous obtiendrez le résultat définitif auquel tendent les meilleurs esprits les cœurs les plus élevés. Vous donnerez à l'indépendance communale, que l'opinion réclame à cette heure, une grande force, et, loin de lui donner cette force aux dépens de l'unité française, vous resserrerez au contraire les liens de cette unité, puisque les diverses provinces seront solidaires les unes des autres contre le grand fléau de ce temps-ci, puisque le département riche, d'un bout de la France à l'autre, viendra secourir le département pauvre.

Mais, si minimes que soient les résultats obtenus d'abord, *ils ne seront petits que par comparaison avec la grandeur du mal qu'il faut guérir ;* n'eussiez vous, dans chacune des communes du Royaume, que trois familles arrachées à toutes les angoisses du froid, de la faim et de la misère, que cela seul serait un immense résultat.

Croyez-vous qu'on ait le droit de se dire homme de cœur, chrétien sincère, lorsqu'on repousse le moyen de soulager cent vingt mille familles, lorsqu'on refuse d'assurer le pain de six cent mille créatures humaines?

Non, vous n'en auriez pas le droit ; non, vous ne seriez ni des chrétiens, ni des patriotes sincères, vous seriez des égoïstes et rien de plus. Mais toutes les larmes arrachées par la misère et la faim à ces six cent mille individus, que vous pourriez soustraire à leurs atteintes, elles formeraient un fleuve qu'il faudrait vous forcer à boire, si vous aviez assez peu de cœur pour les laisser couler !

Si vous voulez résister à l'absurde, si vous voulez empêcher les plus folles utopies d'arriver, malgré vous, à des essais de réalisation qui seraient la perte du pays et la vôtre en même temps, faites ce qui est possible : faites-le d'abord sans vous effrayer de ce qui reste à faire encore : à chaque jour suffit son œuvre. Ce que vous aurez fait de bien aujourd'hui vous permettra de faire encore mieux demain.

On va moins vite, nous le savons, dans la voie du bien que dans la voie du mal ; l'arbre qui porte des fruits utiles met vingt ans et souvent plus à grandir, on le coupe en deux heures ; deux heures suffisent pour détruire l'œuvre de vingt années. Il en est de même en économie sociale dans un pays bouleversé par l'esprit révolutionnaire. Sachez vous résigner à cette lenteur indispensable à la création de tout ce qui doit durer et faire le bien. Le jour où vous déposez le grain dans le sillon ne peut être le jour de la moisson ; sachez le comprendre.

Nous n'avons pas voulu que l'Etat intervînt de son argent dans le soulagement que toute société bien organisée doit apporter aux misères injustes. Car l'Etat n'a d'autre revenu que le budget, et le buget pèse d'un poids plus lourd précisément sur le pauvre qu'il faut soulager. Le budget n'a pas et ne doit pas avoir de cœur ; il n'est qu'une collection de chiffres. Là se trouve l'abîme immense qui nous sépare des socialistes révolutionnaires : nous demandons, nous, un don volontaire à qui possède le superflu ; eux, par l'emploi qu'ils veulent faire du budget à l'application de leurs systèmes insensés, prennent 2 fr. dans la main droite du pauvre, afin de pouvoir lui mettre 1 fr. dans la main gauche. Toutes les fois qu'on emploiera le budget à donner à chacun le droit de vivre en travaillant, on obtiendra ce résultat déplorable, puisque le budget pèse plus encore sur le pauvre que sur le riche, et qu'il n'en peut pas être autrement.

Nous n'entrerons pas, on le comprend, dans cette discussion tout à fait étrangère à notre sujet; le seul remède à cette apparente injustice de l'impôt pesant plus lourdement sur le pauvre que sur le riche, serait l'impôt progressif; c'est ce qu'on appelle un remède pire que le mal; il augmenterait la misère au lieu de la soulager, et nous n'avons point à le prouver ici : de grands esprits, des savans d'une autorité incontestable l'ont fait mieux que nous ne le pourrions faire. Nous avons donc voulu que toute notre organisation, soit communale, soit départementale, soit enfin générale, fût complétement en dehors du budget de l'Etat.

Nous n'avons fait à ce principe qu'une seule exception, et nous devons expliquer ici pourquoi nous avons demandé qu'un crédit de seize millions fût ouvert pour la création d'une pharmacie gratuite dans toutes les communes. Il fallait bien, en effet, recourir à l'Etat pour une somme aussi forte; nous n'y avons pas vu d'inconvénient sérieux, parce que c'est une dépense qui ne doit point se renouveler, et d'ailleurs, tous ceux qui ont vécu dans nos campagnes comprendront que la création de ces pharmacies est d'une urgente nécessité.

Souvent, faute d'un remède peu coûteux, un père de famille voit s'aggraver une maladie facile à arrêter si elle était prise au début. S'il meurt, tous les siens tombent dans la misère; s'il reste longtemps malade, la misère les frappe encore.

400 fr. suffisent pour établir une pharmacie contenant les médicamens les plus fréquemment employés, et même un certain nombre d'instrumens de chirurgie. Dans la plupart de nos campagnes aujourd'hui, deux, trois et parfois quatre lieues, séparent le cultivateur de la pharmacie la plus rapprochée; il faut perdre une journée de travail pour aller chercher le remède; il faut en outre de l'argent pour le payer. Ces deux motifs, joints à l'insouciance naturelle à l'habitant de la campagne, insouciance bien connue de ceux qui ont vécu près de lui, suffisent, la plupart du temps, pour l'empêcher de se les procurer.

Nous n'insistons pas sur cette insouciance, qui ne paraîtra invraisemblable qu'aux habitans des villes.

Si vous joignez à cela la cherté proverbiale des produits pharmaceutiques, vous verrez que cette insouciance pour leur emploi devient, dans un grand nombre de cas, de la répugnance. Si nous n'avions pas pris vis-à-vis nous-même l'engagement de ne pas dire plus qu'il n'était nécessaire, nous aurions pu dresser une statistique de toutes les calamités produites par ce déplorable état de choses; mais à quoi bon mettre complétement à nu cet ulcère, dont les ravages dans le passé n'ont plus de remède à cette heure? Le peu que nous avons dit suffit bien pour faire comprendre qu'il est temps enfin de changer un état de choses qui amène de si tristes résultats. On se plaint de ce que les populations s'agglomèrent dans les grands centres industriels et désertent l'agriculture. Il y a là, nous le reconnaissons, un danger sérieux pour la société, et, pour arrêter ces progrès, nous pensons qu'il est nécessaire d'entrer enfin dans la voie que nous venons d'indiquer.

De plus, l'impôt même, qui écrase le pays par son exagération, pourra devenir moins lourd.

Dès que la guerre sociale, dont la misère tient suspendue sur nos têtes l'effrayante menace, ne sera plus à craindre, dès que les diverses classes ne seront plus en état flagrant d'antagonisme et de lutte, vous pourrez entrer dans la voie des réformes, qui vous est interdite à cette heure. On n'ose pas toucher à un édifice qui menace ruine; on craint de le voir écrouler au moindre choc : assurez-en la base par la fraternité chrétienne, étayez-le sur le sentiment du devoir qu'il est possible encore de réveiller dans les cœurs, et le danger disparaîtra.

Le bien a sa progression tout comme le mal : quand vous aurez ramené la concorde et l'union, quand vous aurez fait à la misère, à la faim, la guerre sainte qui les détruira ; quand vous aurez enfin entrepris cette grande croisade de la fraternité, qui ne doit pas se faire avec des coups de fusil, vous n'aurez plus besoin d'un budget de deux milliards pour maintenir l'ordre dans un pays où chacun aura un égal intérêt à sa conservation, pour administrer des villes et des provinces où la centralisation ne sera plus nécessaire, puisque l'œuvre de l'unité française, accomplie sans retour, trouvera dans une solidarité nouvelle sa consécration définitive.

Dès lors, impôts sur le sel, sur les boissons, conscription militaire, en un mot charges de toutes sortes pesant surtout sur le peuple pauvre et travailleur, pourront être réduites et peut-être même un jour supprimées.

Contre le socialisme révolutionnaire, vous n'avez qu'une arme réellement puissante, car elle ne se borne pas à le frapper de répression, elle le tue sans résurrection possible : cette arme, c'est le socialisme conservateur, qui donne satisfaction aux intérêts légitimes et qui enlève par là au socialisme rouge toute raison d'exister.

Là et là seulement se trouve le moyen d'en finir avec lui : le cœur et la raison cette fois sont d'accord pour vous le conseiller.

CHAPITRE II.

Telle imperfection qu'il y ait dans nos moyens pratiques, les hommes de bonne foi seront, nous en sommes convaincus, forcés de reconnaître que, dès demain, un résultat sérieux peut être obtenu. Est-ce à dire pour cela que nous ayons la présomption de croire que du premier coup nous avons trouvé le dernier mot de la question brûlante dont la solution doit décider de l'avenir? Non : avant d'arriver à l'agriculture perfectionnée, qui maintenant a doublé la fécondité du sol, nos pères ont commencé par cultiver la terre avec des instrumens imparfaits. Eh bien! pour féconder le terrain de l'avenir, nous vous offrons aujourd'hui une charrue que vous pourrez plus tard modifier, et que des perfectionnemens successifs rendront plus productive de jour en jour.

Rien n'empêche, en effet, que l'institution fraternelle, par une exception qui se justifie d'elle-même, ne soit autorisée, dans chaque commune, à recevoir des legs et des donations qui, dans un temps donné, pourront, dans certaines localités, suffire à la destruction de toute misère, de toute souffrance; et quant à celles que le hasard aurait moins bien partagées, on déversera sur elles toute la part qui devient inutile aux communes les plus favorisées.

Nous savons bien qu'on va nous faire ici l'objection qui s'applique à tous les biens de main-morte : nous y serons peu sensibles, s'il faut l'avouer. Nous savons que l'institution fraternelle, pouvant acquérir et ne pouvant pas aliéner, deviendra forcément, au bout d'une certaine période, le plus riche propriétaire de chaque commune ; mais comme cette fortune est le patrimoine des pauvres et des déshérités de ce monde, nous ne trouvons nul inconvénient à ce qu'elle grossisse.

Là, peut-être, se trouve la seule manière possible de réaliser les folles promesses qui ont troublé les cervelles ignorantes. Non, nous ne dirons pas, comme les socialistes révolutionnaires, qu'il faut que tout le monde soit riche ; mais nous disons que, puisqu'il y aura toujours des pauvres et trop nombreux, hélas, il faut augmenter par tous les moyens imaginables la richesse qui doit se convertir en pain quotidien pour les malheureux.

Voyez ce qui se passe dans les grandes villes : savez-vous quels sont les plus riches propriétaires de Paris ? Eh bien ! ce sont les hospices. C'est ainsi que nous voulons mettre la richesse à la portée de tous.

De même que les revenus les plus considérables de Paris appartiennent aux hôpitaux, de même il faut que dans les communes rurales l'institution fraternelle devienne un des riches propriétaires, sinon le plus riche.

Laissez donc germer le grain pour l'avenir : ouvrez le sillon, vous qui êtes riches aujourd'hui; savez-vous si vos petits enfans un jour n'auront pas à vous remercier du bien que vous faites à cette heure? Qui donc, riche aujourd'hui, peut se vanter de l'être demain, peut être sûr que la misère n'atteindra pas ses descendans?

Observez autour de vous : voyez depuis soixante années le déplacement immense qu'une révolution, dont le dernier mot n'est pas encore prononcé, a fait dans les fortunes, et dites-vous bien que vos petits enfans peuvent devenir pauvres comme le sont aujourd'hui la plupart de ceux dont les ancêtres étaient riches et puissans; faites donc pour eux ce que votre indifférence vous porterait peut-être à refuser d'accomplir pour des étrangers; si vous trouvez que le résultat immédiat est insuffisant pour compenser le sacrifice qu'on vous demande, pensez à l'avenir :

en un mot, mettez en pratique la principale vertu du
père de famille : la prévoyance.

Vous êtes comme nous ennemis des troubles
et des révolutions; comme nous, sachant ce qu'elles
coûtent à réprimer, vous les voulez prévenir; vous
les préviendrez en diminuant la misère qui toujours en est la principale cause.

En donnant à l'habitant de la campagne une position meilleure, une situation moins précaire, vous
arrêterez ce flot toujours grossissant qui fait déserter
l'agriculture pour l'industrie; le jour où le paysan
verra qu'on s'occupe de son bien-être au même degré
que de celui de l'ouvrier, il restera chez lui, et vous
n'aurez pas alors à redouter une agglomération
d'hommes qui dépeuple la campagne pour encom-
brer les grands centres d'industrie.

Cette agglomération, en même temps qu'elle est
funeste à l'agriculture, amène forcément, à certaines
époques quasi-périodiques, des grèves et des man-
ques de travail qui mettent aux mains des agitateurs
une armée redoutable, car le désespoir et la faim
l'inspirent. Or, cette émigration de la campagne vers
la ville, cause de si cruels désastres, épouvante de
tous les penseurs qui rêvent à l'avenir, vous ne la
détruirez jamais si vous ne faites aux paysans une

position tolérable, et s'il lui faut toujours envier l'existence du citadin, dont il ne voit que le beau côté, dont il ignore les misères.

Cette émigration, arrêtez-là. Si vous n'y pouvez parvenir vous périrez : toute la question économique et sociale est là. Ne la cherchez point ailleurs.

CONCLUSIONS

Nous n'avons point voulu faire une brochure politique, mais bien une brochure sociale. La raison
en est simple : la politique divise, aigrit et envenime
les esprits ; la fraternité chrétienne adoucit et rap-
proche les cœurs. Or, c'est la division des honnêtes
gens en plusieurs partis qui met la France et la
société tout entière en péril de mort.

S'il était possible de faire cesser le malentendu,
car il n'y a rien de plus entre les honnêtes gens de
toutes couleurs, si nous trouvions un terrain neutre
sur lequel il nous soit permis de nous rencontrer et
de nous compter, on verrait combien est infime le
nombre des gredins qui entretiennent nos divisions
pour y pêcher en eau trouble.

La question sera vite tranchée quand tous les braves gens, bleus, blancs ou rouges, marcheront d'un
commun accord contre les bandits qui n'ont que des
couleurs fausses.

Il nous a semblé que ces divisions politiques absorbaient trop les intelligences et les courages, et les
absorbaient au détriment de la question sociale. Or,
la question sociale c'est le fond, et la question po-

litique n'est que la forme ; eh bien ! réunissons=nous d'abord sur le terrain qui peut tous nous recevoir; l'accord sur le fond ne tardera pas à amener l'accord sur la forme ; nos divisions cesseront bien vite, nous le croyons; le jour où, sur un terrain neutre, nous pourrons nous rencontrer tête nue et main ouverte ; car aujourd'hui nous n'avons pu nous connaître ni les uns ni les autres, puisque nous n'avons pu nous voir que la visière baissée, l'épée au poing.

Les paroles qu'il faut dire à cette heure ne sont point des paroles de guerre et de haine, mais bien des paroles de conciliation et de fraternité. Il faut que la question soit d'abord débattue et posée sur le fond ; il faut faire cesser cette étrange anomalie; qui met dans des camps opposés des hommes qui ont un égal intérêt au salut de la civilisation chré= tienne ; il ne faut pas que le parti conservateur véritable ait pour adversaires des hommes que leur fortune et leur cœur appellent naturellement dans ses rangs, qui ne sont ni ambitieux, ni lâches, et qui cependant le quittent, parce qu'il ne fait pas tout ce qu'il doit.

On trouvera ces paroles bien sévères peut-être dans la bouche de deux soldats inconnus, qui abor= dent cette redoutable question de la misère sans autres ressources que le bon sens et l'observation ; mais nous laissons à d'autres plus ambitieux ou plus savans le privilége des théories élevées et des systèmes compliqués ; nous savons nous restreindre aux limites modestes d'un projet, bien terre à terre, qui ne détruit rien, qui peut-être même aidera à consolider ce qui chancelle, et auquel nous avons voulu donner surtout le mérite d'une application facile.

Au lieu de critiquer, pour leur faiblesse même, les remèdes simples que nous offrons, que les grands penseurs qui ont su gagner la célébrité par leurs études sur ces questions ardues, que les hommes qui ont une réputation solidement établie sur ce terrain, où nous ne posons le pied qu'en tremblant, viennent en aide à notre insuffisance.

Pourquoi ne se réuniraient-ils pas de tous les coins de l'Europe, et n'appelleraient-ils pas à eux tous les hommes de cœur et d'intelligence pour former un congrès qui s'appellerait le *Congrès de la Fraternité* ?

Pourquoi dans ce congrès, où se trouveraient républicains et royalistes, prêtres et soldats, bourgeois et paysans, écrivains et ouvriers en un mot, tout ce qui pense et tout ce qui sent en chrétien, pourquoi ne discuterait-on pas les moyens de combattre la misère ?

Croit-on que du choc de toutes les intelligences et de tous les cœurs d'élite ne jaillirait pas une lumière qui guiderait la société vers un avenir meilleur ? croit-on qu'au milieu des utopies qui ne manqueraient pas de se produire, nous le savons, ne se rencontrerait pas un système aussi pratique et plus complet que celui auquel deux soldats obscurs sont arrivés avec l'aide du travail et du dévoûment ?

Nous terminerons notre brochure sur cette idée, et c'est la meilleure preuve que nos prétentions ne vont pas plus haut qu'un simple essai, et que nous sommes sincères en disant que nous serons heureux de voir des hommes plus compétens que nous résoudre un problème dont nous n'avons pu qu'indiquer la solution.

Nous nous résumons :

En vous offrant un moyen pratique et facilement réalisable, nous en déduisons les conséquences :

1º Vous arriverez immédiatement à soulager des souffrances dignes d'intérêt, avec la certitude de voir le bien aller toujours croissant.

2º Vous créez une hiérarchie de famille qui rend tous les citoyens de France solidaires les uns des autres. Vous comblez l'abîme qui va toujours se creusant d'avantage entre les différentes classes de la société. C'est donc la plus louable, la plus sincère, la plus indispensable des fusions.

3º Vous donnez à la commune un élément d'importance et d'action, dont il est temps qu'elle soit pourvue : car la centralisation absorbante qui nous régit a besoin de ce contrepoids pour ne pas justifier les inquiétudes trop fondées des hommes qui songent à l'avenir.

4º Vous moralisez les masses en restreignant les effets de la misère aux seuls individus qui l'auront méritée par leur inconduite, leurs vices ou leur paresse.

5º Vous créez la noblesse du dévouement à ses

semblables et vous portez un coup mortel au culte du veau d'or par lequel notre société se pourrit chaque jour. On n'estimera plus un homme pour sa fortune, mais pour l'usage qu'il en fera.

En un mot, nous sommes convaincus que ces immenses secousses, qui ébranlent notre nation, ne sont produites que par le travail que toute société est obligée de subir aux époques de grande transformation. Dans cette pensée, nous avons cherché le moyen de résoudre cet effrayant problème de transition en créant l'œuvre de la fraternité chrétienne, sans porter la moindre atteinte à l'édifice social, aux positions acquises.

Ce moyen, pour le peindre par une image physique, il nous a semblé que ce devait être une sorte de pompe aspirante et foulante, qui puiserait, sans violence, là où se trouve le trop plein, pour répandre ensuite une rosée bienfaisante là où la sécheresse fait tout périr.

G. DE LEYSSAC.   E. H. DE LA PIERRÉ.